Über dieses Buch

Für ihre junge Nichte schrieb Isabella Ben Charrada diese Gedichte, denn die Pubertät konfrontiert uns mit all den **unerhörten** und wunderbaren Eigenschaften unseres Körpers. Lebenslang begleitet uns unser Leib **durch dick und dünn**. Und er kann uns einiges **erzählen**, in jedem Lebensalter. Für die Autorin sind die Body Talkies eine **Herzensangelegenheit**, um unserer Körperlichkeit Bewegungsraum, Ausdruck und **Sprache** zu geben. In den Worten der Autorin:

Mein Mund spricht oder auch nicht.
Möchte lieber fragen, anstatt etwas zu sagen,
Körper **sprechen** lassen,
sie lieben lernen, statt zu hassen
oder sie zu optimieren
anderweitig malträtieren,
sondern ihnen zuzuhören,
ganz in Ruhe: nur nicht stören!
Körperlichkeit erleben:
Körperfrieden und Körperbeben.

Für Gianna-Maria

Isabella Ben Charrada

BODY
TALKIES

Gedichte

Die Body Talkies sind auch als Hörbuch bei der Autorin erhältlich: magicalwriting@gmail.com
Mixing, Mastering und Sound Design: Gianna-Maria Podeschwa
Gelesen von der Autorin

Copyright: © 2016 Isabella Ben Charrada
Umschlag und Satz: Beate v. Reinersdorff, b-vor.de
Verlag: tredition GmbH, Hamburg
Printed in Germany
Bibliografische Information der Deutschen Nationalbibliothek: Die Deutsche Nationalbibliothek verzeichnet diese Publikation in der Deutschen Nationalbibliografie; detaillierte bibliografi-sche Daten sind im Internet über http://dnb.d-nb.de abrufbar.

INHALT

BODY TALKIES

Heut lad' ich Dich ein
Mitwisser zu sein.

Schluss mit dem Radebrechen!
Lassen wir den Körper sprechen!

Lebendig pulst und pocht das Blut
die Nerven morsen ihre Glut
die Adern leiten weiter
die Hormone sind heut' heiter.

Mal entblößt, mal vermummt
deine **Körperlichkeit** summt.

Ob groß, klein, lang oder rund
hält sie Dich mühelos gesund
lässt Du sie nur machen
und ihre körpereignen Wachen.

Ja, im Körperszellenreigen
spielst du die erste aller Geigen.

So gönn´Dir eine Pause:
Fühl´mal, bist Du **in Dir zuhause?**

ARME

Auf **Armeslänge**
mitten im Gedränge
ist **armdick**
auch schick!

In die Arme nehmen
statt sich zu schämen.

Arme verschränken:
erstmal nachdenken.

In den Arm fallen:
Das gefällt nicht allen!

Manche **Armbeuge**
ist dafür Zeuge!

Armvoll: Vorsicht Zoll!

In die Arme sinken - Sterne blinken

Arm in Arm, Liebespaar:
Viele Wünsche werden wahr.

Nun sitz' ich im Warmen
und könnt' **die Welt umarmen!**

BEINE

"Oh nein!
Das ging **durch Mark und Bein!**

Was soll das heißen:
„sich kein Bein ausreißen"??

Und sogar ungebeten
sich **die Beine zu vertreten!**

Von hier nach dort
noch weiter fort
über Sand und Steine
tragen Dich deine Beine.

Beine unter Arme nehmen
scheint Fortbewegung nicht zu lähmen.

Klotz am Bein: Frier ihn ein!

Beine strecken - Füße wecken.

Alles, was Beine hat
rennt sich matt und platt.

Entronnen:
Wieder **auf die Beine kommen!**

Auf eignen Beinen steh'n
und selber sehn, wohin sie geh'n!

HÄNDE

Behende sind die Hände
sprechen Bände
hauen, bauen - greifen, kneifen
schlagen - tragen.

Streicheln, kosen - in allen Posen.
Öffnen Türen - berühren, spüren.
Schließen das Tor - bohren im Ohr.
Waschen, pflegen - zusammenlegen

Hände drücken - schließen Lücken
behüten - zarte Blüten.
schreiben, malen, schneiden,
tasten, klopfen, meiden.

Schaffen Werke, schaffen Taten
mal sofort, mal auf Raten.

Handkuss: kein Muss

Handschlag - wer´s mag

Handschrift - im Lift

Mit dem **Handy** - bist Du trendy.

Im Handumdrehen - ist's geschehn.

Im **Handstreich** - wird mancher reich.

Von langer Hand geplant
und keiner hat's geahnt.

Handelt es sich - um mich oder Dich??

Reichst Du die **Hand fürs Leben**
lernst du Nehmen und auch Geben.
Doch **in festen Händen sein**,
engt so manchen **handfest** ein.

Hände arbeiten so schwer
drum lob' ich sie jetzt sehr!

F Ü ß E

Zu Fuß kommen - **zu Fuß** gehen
dafür laß' ich alles stehen!

Barfüßig - bin ich müßig.

Wird der **Boden unterm Fuße** heiß
kühlt ihn nur der frische Schweiß.

Wo bleibt sie nur - meine **Fußspur**,
mein **Fußabdruck** - im Tausendfüßlerlook?

In meine **Fußstapfen** zu treten,
hab ich mir stets verbeten!

Zum Wohle - der Fußsohle
auf großem Fuße leben,
und der **Fußbank** gar nichts geben!

Fuß fassen - oder es sein lassen?

Tja, mein Süßer, meine Süße:
Ich **schmeiß dir den Krempel vor die Füße!**

Mein **Fußball** - hat 'nen Knall
und mein **Fußende** - spricht Bände.

AUGEN

Ja, wir sind gleich zu zweit,
schauen nah und sehen weit,
sehen an und vor und weg:
Augen auf vor lauter Schreck!

Augen zu, schlafen ein,
sind mal groß und mal klein,
sind mal braun, mal blau, mal grün.
Nächtens macht das **Kieken** Mühn.

Augenzeuge - Augenzwinkern:
mit den Augenlidern blinkern.
**Augenblicklich, augenfällig
äugst** Du hier und dort gesellig,
schaust dem einen tief hinein;
beim andren muss das nicht so sein.

Aus dem Augenwinkel
erkennst Du jeden feinen Pinkel,
merkst jede **Augenwischerei**
und wirst vom **Dorn im Auge** frei.

Ein andermal drückst Du eins zu:
'nen **Augenblick** hast Du nun Ruh.

So weit das Auge reicht
macht der **Augenschein** sich's leicht.

Augen zu und durch
starren Auges wie ein Lurch!

Manchmal möcht' mensch einem Wesen
jeden Wunsch vom Auge lesen,
mit den Augen es verschlingen,
schöne machen zum Gelingen.

Wer Augen hat - schau
und zwar ganz genau!
Okular erkannt:
Gefahr gebannt!

AUGENBRAUEN

Uns gibt's gleich zwei mal!
Hey, wir lassen Dir die Wahl,
bieten Dir ein **Mienenspiel**
und das ist unser Ziel:
Ausdruck für Deine Stimmungen
und Gedankenschwingungen!

Wenn wir uns heben,
dann gibt's was zu erleben.

Wenn wir uns runzeln,
ist uns nicht zum Schmunzeln.

Wenn wir uns zusammenzieh'n,
soll so mancher vor uns flieh'n!

Sind wir glatt wie Brückenbögen,
weißt Du, was wir gerne mögen.

Doch werden wir "in Form" gebracht -
und auch noch mit aller Macht -
mal gerupft
und mal gezupft -
Sagen wir
jetzt und hier:
ohne uns wär' Dein Gesicht
nur ein Langweiler-Gedicht!

Streich' lieber an uns entlang
und Du bist mittenmang
in einer neuen Dimension.
Wusstest Du das schon??

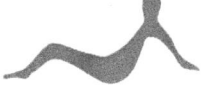

STIRN

Hast Du eine hohe Stirn
heißt es, Du hast viel Gehirn.

Ist sie niedrig, sogar flach,
sagt man Dir nichts Gutes nach.

Über so was lach' ich nur
und mach' 'ne Vergiss-es-Kur!

Leg' ich mich in tiefe Falten,
laß ich nun den Tiefsinn walten.

Nein, **engstirnig** bin ich nicht,
geh' mit niemand ins Gericht.

Schmück mich lieber mit Band und Reif
und **Stirnlocken**, haarspraysteif.

Hab' die Stirn, etwas zu wagen
und mal Unbequemes sagen.

Schwierigkeiten **biet' ich die Stirn:**
Lass mich so schnell nicht verwirr'n!

Und in meinen Stirnhöhlen
lässt's sich wunderbar laut grölen!

NASE

Mecker nicht so rum:
Ich bin doch nicht krumm!

Ich bin gerade richtig
und sogar sehr wichtig:

Ich schnuppere und prüf' die Luft:
Ist sie nun dick oder Rosenduft?

Stinkt's mir: bloß weg von hier!

Nasenstüber - hab' ich über
und **näsel** euch mal was!
Tja, so ist das!
Sogar **Naserümpfen**
gehört zu meinen Trümpfen!

Und **den Braten riech' ich** auch.
Das ist bester Nasenbrauch!

Alle **naslang**,
nur nicht bang,
immer Deiner Nase nach,
mal fix, mal sachte mit Gemach!

Und eine letzte Phrase:
Schimpf' nicht über Deine Nase!

Sei nicht **verschnupft**,
gefühlsgerupft!

Denn was fängst Du ohne an????

So freu' Dich drüber, was sie kann.

M U N D

Mundvoll **mundet** manches Mahl.
Leckereien ohne Zahl
im Mund zergehen lassen,
kosten, schmecken, lecken, prassen.

Nimmst den Mund auch mal voll,
zahlst bei **Mundraub** keinen Zoll.

Sprechen, schreien, Geräusche machen,
flüstern, flöten und auch lachen.

Stehst mit offnem Munde da:
Sing' ich froh Halleluja!

Drehst das Wort im Mund mir um
steh' ich da und glotze dumm.

Mundfaul schreckst Du jeden;
auch ohne Punkt und Komma reden,
oder **sich den Mund fusselig
sabbeln**, labern dusselig.

Wird es Dir zu bunt:
Nimm' kein Blatt vor den Mund!

Bist **nicht auf den Mund gefallen,**
kannst Dich äußern, musst nicht lallen,
dir **den Mund auch nicht verbrennen.**
Lernst dein **loses Mundwerk** kennen.

Riskierst Du eine Lippe,
springt ein Satz Dir von der Schippe.

Stündlich - **mündlich,**
kurz und bündig:
Du bist **mündig!**

ZÄHNE

Beim ersten **Zahnen**
durchs Zahnfleisch bahnen
sich ungezähmte Zähne
wie Drehwolfkrähne.
Zähne hacken, beißen,
kauen, schmatzen, reißen.
Gegen den **Zahn der Zeit**
glaubt mensch sich gefeit
durch ein Gebiss.
Doch ist das denn gewiss?

Zahnentzündung: Attacke!
Zahnschmerzen: Au Backe!
Zahnspangen - begrenzen mein Verlangen.

Zahnreihen pfeifen lose
in Paradentose,
wackeln in den Wurzeln
und Finanzen purzeln.

Man nehme
Zahnpasta und Zahnkreme,
Zahnpulver und Zahnseide:
Zähne weiß wie Kreide.

Und so ist dental
wieder alles normal.

OHREN

Nun bleib' erst mal sitzen!
Nimm Dir Zeit zum **Ohrenspitzen**:

Hören, horchen, lauschen,
Windgeflüster, Meeresrauschen.

Pocht das eigne Herz im Blut:
fühlst Dich rastlos oder gut?

Ohrenbetäubend ist der Lärm,
den Du manchmal hast recht gern.

Ächzen dann die Trommelfelle
in dem Innenohrgefälle,
kreischt's wie eine Säge dort:
Lieber auf und fort vom Ort!

Manche Musik nimmt Dich im Sturm,
andre bleibt als **Ohrenwurm**
und aus - der **Ohrenschmaus**!

Ohrensausen? - Ohren schützen!
mit Ohrenklappen oder Mützen!

Sonst droht Dir der Ohrenarzt,
der ins selbige Dir knarzt
und Dein Öhrchen malträtiert
Ohrenmuscheln dezimiert!

Ohrklipp, Ohrring und Ohrstecker
sind fürs Ohrläppchen Gemecker.

Doch Dir nicht:
passt so schön in Dein Gesicht.

Ge-horchen sollen wir ...
Doch jetzt lausch' erstmal dir!

Sei lieber audio-bewusst:
Selber hören: viel gewusst!

Halt die Ohren steif!
Ab ins Geschehen: live!

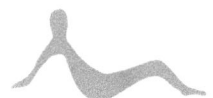

ATEM

Welcher Nerv wohl an dir sägt
und **den Atem dir verschlägt?**

Doch machst Du eine **Atempause**,
fühlst Dich gleich bei Dir zuhause.

Denn mit jedem Atemholen
bleiben andre dir gestohlen.

Atmen ist Dein Lebensfluss,
trägt Dich wie aus einem Guss.

Ein und aus - hinein – heraus,
bleibt die Puste Dir mal aus
oder bleibt sie gar mal weg,
war das wohl ein kleiner Schreck!

Einen langen Atem haben
gehört zu deinen besten Gaben.
Denn **kurzatmig** leben
ist ein Körperbeben.

Außer Atem sein:
Holst Du Dich noch ein?

Atemlos:
Was ist das bloß?

Keuchen, prusten, pusten,
seufzen, hauchen, husten,
schnieben, schnauben, schnaufen,
viele **Atemwege** laufen.

Bei pestilentem Broden
stockt dir dann dein Odem.
Doch mit jedem **Atemzug**
bekommst Du wieder Luft genug.

Mit Atmen schaffst Du Resonanz
für Deinen lebenslangen Tanz.

Dein Atemrhythmus
ist des Lebens Musenkuss,
atemberaubend schön
in Tiefen und in Höh'n.

STIMME

Nachhaltig - **stimmgewaltig**.
Stimmt wer ab - stimmt wer zu
und im nu
steigen ohne viel Gezeter
alle **Stimmungsbarometer**.

Stimmaufwand in Maxi-Phon
gehört jetzt auch zum guten Ton.

Erhebt sich ein Geschrei
ist das Schweigen schnell vorbei!

Stimmabgabe - Stimmenthaltung
ist nicht immer Stimmentfaltung.

Folgt mensch der **Stimme der Natur**
scheint das oft die beste Kur.

Manche **Stimmlage**
gibt Grund zur Klage.

Manche **Stimmführung**
treibt vocal zur Rührung.

Ist die Stimme Sing- und Sprech-
wird die Stimmgabel gleich frech.

Alt, Sopran, Tenor und Bass
singen, klingen, tönen was.

Ist die Stimme auch belegt,
stockend gar und tief bewegt,
Stimmchengleich verhalten,
flüsterlich in Sorgenfalten,
sogar **stimmlos** - nackt und bloß,
trainiere halt Dein Stimmorgan!
Dann wirft dich nichts mehr aus der Bahn!

Stimm Dich nur ein!
So muss es sein!

Dein Leben ist nicht trist.
Es stimmt so, wie es ist.

Und in diesem Sinne:
erhebe Deine Stimme!

HALS

Treib' es nicht so doll
kriegst den Hals schon voll!

Kannst den Hals lang machen
und kollern aus dem Rachen.

Halsnah oder halsfern:
Wie hättest Du es gern?

Halsschlagader pocht gewaltig,
macht das Dekolleté nur faltig.

Halsentzündung und Halsschmerzen:
damit ist nun nicht zu scherzen.

Hast den Kloß, gar Frosch im Hals,
hilft kein Hopfen und kein Malz.
Musst den Arzt aufsuchen
und **aus vollem Halse** fluchen.

In den falschen Hals bekommen
macht Dich selber ganz beklommen.

Auf den Hals laden:
Damit gehst Du baden!
Falls .... **schaff es Dir vom Hals!**

Wenn's **Herz bis zum Halse schlägt**
bist Du innerlich bewegt.

Möcht's **aus vollem Halse** schreien
und nur noch **umhalset** sein.

HAARE

Manchmal gibt es ein Malheur
geht 'ne Frau zum Friseur:
Statt der wundervollen Pracht,
die sie sich so hat gedacht,
wird in ihrer Mähne
getönt so manche Strähne.

Ob rot, blond, schwarz oder braun,
sie traut sich kaum noch hinzuschau'n.

Es wird frisiert, geföhnt, gestylt,
unter Kurpackungen verweilt.
Vorbei Naturkrause und Zottelhaar!
(Ach, was war's doch wunderbar
mit dem eignen Wuschelkopf…)

Runter mit dem **alten Zopf!**

Haarschnitt, -wäsche und Haartracht:
alles in Façon gebracht!

Haare, die zu Berge stehn,
sind ganz und gar nicht gern gesehn!

Beim Blick dann in den Spiegel
mit Figaros Gütesiegel
wagst Du nicht ein Wort
und schleichst Dich kleinlaut fort.

Haarsträubend ist Dir dann zumute
und wem kommt das zugute?

Haare raufen, Amok laufen?
Oder sich ein Haarteil kaufen?

Entgehst Du nun **um Haaresbreite**
haarklein einer Hairdresspleite
werd' des Lebens wieder froh!

Haart und fusselt es nur so

lass Dich nicht vergrämen:
Hab' lieber **Haare auf den Zähnen!**

Und bis in die Haarspitzen
lass die Gefühle flitzen!

HERZ

Von Herzen kommen - zu Herzen gehen
Herzenswünsche verstehen.
Herzensgüte - in voller Blüte.
Herzerfrischend lächeln und frische Luft zufächeln!
Keifend ist nicht herzergreifend.

Mach Deinem Herzen Luft!
Bald ist die Wut verpufft.

Gib Deinem Herzen einen Stoß
und verschenk ein bisschen Moos!

Mancher Zecher
wird zum Herzensbrecher.

Sein Herz an etwas hängen:
alles andere verdrängen.

Prüfen auf Herz und Nieren:
Da lässt sich wer nicht schmieren!

Herzhaft herzen
beim Schein von Kerzen.

Herzenswärme - wohlig im Gedärme

Ein Herz und eine Seele ob ich mich vermähle?

Sich selbst verzeihn'
und **leichten Herzens** sein.

Leben **aus vollem Herzen**
mit Schmerzen und mit Scherzen.

Bei mir piept's - **herzallerliebst**.

BAUCH

Weißt Du auch, was Dein Bauch
gurgelt wie geschmurgelt?

Mancher Bauch, der schwabbelt,
anderer, der wabbelt.
Mancher kissenweich,
andrer **bäuchlings**reich,
mancher bretterhart,
andrer butterzart.

Mancher liebt es bieder,
mancher Bauchgefieder.

In des Bauches Wärme
schlingen sich die Därme
Der Bauch sabbelt,
der Darm brabbelt.
Ein Sausen und ein Brausen,
wo die Eingeweide hausen.

Doch warum gibt's gleich Krach,
ist der Bauch nicht mehr flach?

Ist rund - ungesund?

Statt Kalorienplagen
Bauch vollschlagen?

Fragst ein Loch mir in den Bauch
und eine Antwort willst du auch?

Ach, mein Schatz:
Ich liebe deinen Bauchansatz!

Mein Bauchnabel:
wie ´ne Fabel!

Und in meinem **Bauchladen**
such' ich den rote Faden.

MAGEN

Ach, muss ich mich plagen!
Dabei hab ich das Sagen!

Doch machmal muss ich's wagen,
dich mit Sodbrennen zu fragen:
Wieviel willst du noch schlucken
ohne aufzumucken?

Denn alles Ducken
schlägt mir auf den Magen,
kann ich nicht vertragen!

Keine gute Stube - diese **Magengrube**!

Magen knurrt oder gurrt.

Magenkrampf: **Kohldampf!**

Jetzt bin ich erpicht
auf mein **Leib- und Magengericht!**.

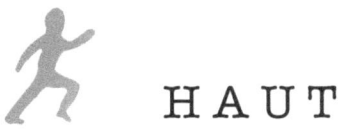

HAUT

Ja, ja, all die vielen Leute
haben doch **verschied'ne Häute:**
Rot und gelb und braun und weiß
aus den Ländern kalt und heiß.

Häutung bei grellem Sonnenschein:
schnell muss es ein Hautöl sein!

Doch nicht nur wenn die Haut in Fetzen
bewahrt Hautpflege vor Entsetzen.

Schließlich, wer mag schon die Krätze
und zum Hautarzt in fieser Hetze?

Hautfreundlich sind wir dann
und fangen mit dem Kremen an.

Mit den Jahren - **aus der Haut fahren.**
Auf der faulen liegen,
bis sich die Balken biegen
ist uns ab und an ganz recht
und gar nicht so schlecht!

Mancher **grundehrlichen Haut**
wird der Spaß gründlich versaut.

Wenn es den Menschen graut:
Das **geht unter seine Haut.**

Ist mensch beklommen und benommen:
Oh, Freude, **mit heiler Haut davon zu kommen!**

Doch wird die Haut tätowiert
und noch hier und da verziert,
hat wer nun das Sagen,
will **seine Haut zu Markte tragen.**
So ist die Haut ein Spiegel unsrer Seele,
zeigt, ob ich mir gut bin oder mich nun quäle.

Zeigt manchen Ärger, manches, was zum Heulen
mit Pusteln, Pickeln, Röten oder Beulen.

Ist aber bald versöhnt,
wird sie dann verwöhnt.

FIGUR

Freu' Dich nur
über Deine Figur.

Ist sie rank und schlank,
gibt's in Dir keinen Zank.
Hat sie aber Dellen,
schlägt's im Gemüte Wellen.

Babyspeck ist niedlich,
doch **Kummerspeck** ungemütlich.

Ist der Umriss **pummelig**,
wird die Laune grummelig.
Doch mancher **Wonneproppen**
kann Topmodelle foppen.
Und ich wette
über jede Silhouette
gibt's Sprüche, nicht so nette
Kein Idealgewicht:
Gehst mit Dir ins Gericht?

Bei jedem Grämmchen zuviel
setzt Deinen Ruf gleich aufs Spiel??

Gehörst ins Bett - bist Du zu fett??
Bist selber schuld - grunzt Ungeduld.

Was ist denn so schlimm,
bist Du dick und nicht dünn?

Welche **Körperform**
ist jetzt grad Norm??

Ist grazil - schon zuviel?
Schwergewichtig - nicht richtig?
Rappeldürr und hager - zu mager?
Klein und rund - Beliebtheitsschwund?
NUR DER Blickfang: - groß und gertenschlank?
Und all die andern - sollen die auswandern?

Die menschliche **Gestalt**
zwischen jung und alt,
wandelbar und variabel,
spannend wie eine Fabel,
ist nun mal unsre Wohnung
und bedarf der Schonung.

Spüren, fühlen - **Mütchen kühlen**,
bewegen und ruhn
und eigenes Tun.

KNIE

Wie auch, wie
dämpft dein Knie
den Stoß vom Stein - und die Pein
vom Angeschlagensein?

Hält so viel aus,
auch Saus und Braus.

Trägt wacker
vom kleinen Racker
bis heute nun
meist ohne weh zu tun.

Und Kniebeugen - bezeugen:
ohne Not bist Du im Lot.

Doch was würde sein
ohne diesen Knick im Bein?

Denn mancher Kniescheibe
rückt Abnutzung zu Leibe
bringt nur mit Hinken - zum Kaffeetrinken.

Und Kniegelenksentzündung
schmerzt wie Feuer aus der Mündung!

Da hilft kein Knieschützer und –schoner
kein orthopädischer Mitbewohner.

Große Not - Lähmung droht
wenn's im Gelenk - eingedenk
lebenslangen, auch mit Bangen
vorwärts, rückwärts, in die Mitte
hampeln, strampeln und na bitte!
Laufen, gehen, drehen,
kicken, strecken, Zehen sehen,
es nun pocht und schmerzt.
Wie wird das nur ausgemerzt?

Ab zum Professor, nicht zum Assessor.
Der nickt bedächtig: Das ist beträchtlich
und muss jetzt schon - zur Operation,
zwecks Erneuerung und mit der Beteuerung
"Frau Sowieso, Sie werden sehn,
bald können Sie wieder schmerzfrei gehen!"

Na, so schnell doch wieder nich':
erst kommt die REHA bitterlich!
Und es ist nicht vorbei,
denn Knie gibt es zwei!

Drum: Nie mehr, nie **in die Knie!**

RÜCKEN

Siehst ihn selten, doch beim Bücken
spürst ihn schon, Deinen Rücken.

Heiß und kalt den Rücken runter
macht Rückseiten **rücklings** munter.

Hast Du einen breiten Rücken,
musst Dich nie so schnell verdrücken.

Rückgriff: - Anpfiff!
Rücktritt: - Gar nicht fit!

Rückgabe und **Rückschau**:
Rückhaltlos genau.

Lob sei meiner Rückenlehne
nach der ich mich so sehr sehne!

SCHULTERN

Ach, das ist doch das Wahre
hast Du schulterlange Haare!

Doch breitschultrig ist auch nicht schlecht,
wenn's ohne Schulterpolster echt.

Schulter Du nur nicht zu viel,
sonst schlurfst und hinkst Du bis ans Ziel.

Auf die leichte Schulter nehmen,
kann manche Sorge zämen.

Schulter an Schulter
Schulterschluss schult er.

Lieber schulterfrei
in diesem einerlei!

Mit **Schultern, hängenden**
unter Sonnenglut, der sängenden
lieber kalte Schultern zeigen
und sich in den Schatten neigen.

KNOCHEN

Wenn die Gefühle kochen
tragen wir's, Deine Knochen!
Spüre uns'ren Knochenbau:
Bis ins Mark sind wir schlau!
Ist ein Knochen mal gebrochen,
schreist Du auf wie angestochen.

Manchmal ist was **knochentrocken**:
Ach, das sind die dicksten Brocken!

Ein andermal schleicht sich 'ne Grippe
in unser sonst rundum Gerippe.

Dann sind wir nicht mehr **knochenhart**
sondern besaitet ach, so zart.

Nur noch Haut und Knochen
nach krankheitsschweren Wochen.

Doch dann kehrt der Mumm zurück
und Du bist ganz schrill vor Glück!

Knöchellang: Trippelgang

Knöcheltief: Was für'n Mief!

Doch dank Deiner Gebeine
ziehst Du rechtzeitig Leine.

Lieber keine **Knochenmühle**,
sondern weiche Polsterstühle!

Holt Dich dann
irgendwann
der **Knochenmann**,
bist Du alle Sorgen los.
Aber findest Du's famos??

Wirbelsäule wirbelt schon
oder hält Dich wie ein Thron.
Wirbelknochen im Skelett
wirken wie des Flusses Bett.

So gib auf Deine Knochen acht,
denn sie sind deines Körpers Macht!

WEIBLICHKEIT

Qual der Wahl:
femme fatal,
Vamp oder **Tramp**?

Feminin und weiblich:
unbeschreiblich leiblich!

Sind wir freie Frauen
können uns was trauen!

Unsere Frau stehen
und eigne Wege gehen.

Denn **von Frau zu Frau**
sind wir schlau.

Holde Weiblichkeit - ist nicht mehr bereit.

Landpommeranzen - auf Nasen rumtanzen.

Freche Mädchen - sind Sand im Rädchen.

Die Frau an der Spitze - sprüht Geistesblitze.

Ein spätes Mädchen - gründet ein Städtchen.

Und die **Frau von Welt** einen Hausmann hält.

Ehefrau und Mutter:
alles in Butter?

Im Falle eines Falles:
Kein Mädchen mehr für alles!

Und auf der Damentoilette
lachen wir um die Wette.

Die **Madam** - von der Venus kam.
Die **Signora** - rief nach der roten Zora.
Die **Mistress** - verhandelt auch im Stress
und **My Lady** - ist Admiral bei der Navy.

Ich hab' **ne kleine Frau im Ohr**,
die sagt mir immer alles vor!

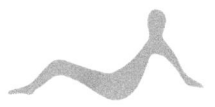

MY BODY

Alles fängt im Vernehmungszimmer an.

Dort sitzt „My Body". Schon seit Jahren wird er verhört und eines Verbrechens beschuldigt — nämlich so zu sein, wie er geworden ist. Eigentlich wird er beschuldigt, zu existieren. Ziel: er soll überführt werden.

Die kalt blendende Vernehmungslampe macht blind und setzt jede Kleinigkeit dem gleißenden Licht aus.

In diesem uralten Gefängnisgebäude sind die Mauern der Verließe in den Steinritzen mit Salpetersäuregeflechten bedeckt. Sie schwitzen vor Feuchtigkeit. Es riecht nach Moder.

In den Zellen sitzen:

Tu, wonach dir zumute ist!
Ich habe mich lieb!
Versuch's doch mal!
Komm, spiel mit mir!
Ich lach mich schlapp!
Oooh, wie schön!
Das hab' ich gut gemacht!
Hier bin ich!
Ich kann das!
Immer munter, hinauf, hinunter!
Ich sing' mein Lied.

Zuerst öffne ich das Vernehmungszimmer, gehe zum Tisch und sage zum Vernehmungsbeamten: „Der Diktator ist tot! Sie sind entlassen!"

Ich helfe „My body" vom Vernehmungsstuhl hoch.

Ich muß ihn stützen, aber mit jedem Schritt zur Tür hin schwankt er weniger.

Beruhigend spreche ich mit ihm und sage: „Jetzt befreien wir die anderen und dann gehen wir alle zusammen ins Badehaus."

Ich setze „My body" auf einen kleinen Schemel, der im Gang steht und schließe alle Zellen mit einem alten, rostigen Schlüssel auf. Die Türen schrillen in ihren Angeln, knirschen, während sie sich öffnen.

Nach und nach kommen alle heraus. Ich rufe jedem zu: „Der Diktator ist tot! Kommt mit! Jetzt gehen wir erstmal ins Badehaus!" Zögernd, ungläubig, setzen sie sich in Bewegung, lugen aus den offenen Türen – keine Wärter mehr da! – und folgen mir.

Ich hake „My body" wieder unter und durch einen niedrigen Gang, der dann höher wird, gehen wir wie eine Prozession hindurch – zuerst gebückt – bald aufrecht.

Hinter uns hören wir ein lautes Getöse: Das Gefängnis fällt zusammen und die Erschütterung bebt bis in unseren Gang nach.

Dann kommen wir ins Badehaus.

Alle baden warm, stellen sich zum „Nachspülen" unter einen kleinen Wasserfall im Atrium, trocknen sich mit weißen Handtüchern ab und wickeln sich in bunte Bademäntel ein. So bekleidet treiben sie wie bunte Tupfen durch einen großen Raum mit einem Buffet, auf dem Salate, Früchte und Leckeres aufgetürmt sind.

Das Atrium ist in der Mitte oben offen. Sonnenlicht fließt herein. Die Wände sind weiß oder aus farbigem Glas.

Im Ruheraum räkeln sich manche und erzählen einander ihre Tagträume. Ein Springbrunnen aus Kristall plätschert sein Lied dazu.

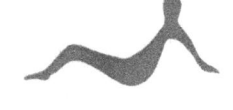

Zeitfracht Medien GmbH
Ferdinand-Jühlke-Straße 7
99095 Erfurt, Deutschland
produktsicherheit@kolibri360.de